# 그림자 위의 길을 걸어가는 자

文園(문원) 이한영 시인

이한영 시집

# 그림자 위의 길을 걸어가는 자

첫 시집을 내며…

# 삶은 시이며
# 시는 삶인 것

文園 이한영 시인

있는 그대로의 자연을 바라보고 접하다 보면 모든 것이 벗이 되어 고요하게 받아 조화롭게 받아들인다. 잔잔한 것은 잔잔한 대로 거센 환경의 변화에도 흐트러짐이 없다. 방정하지 못하고, 한치 혀로 내어놓는 것이 헛되지 않기 위해 맑은 심성의 빛을 바라지만 바람결에 힘없이 흔들리기에 자신을 내세우려 하지 않는다.

동, 서양의 창조신화를 보면 인간은 흙이나 자연물로 빚어진 후손이다. 어머니 배속에서 몸의 꼴을 갖추고, 한 남자의 씨앗과 한 여인의 머무름의 자리에서 열 달 동안 피로 뭉쳐졌다 태어나서는 같은 공기를 들이마시고, 같은 공간에서 첫 소리도 다른 모든 이들처럼 포대기에 싸여 보살핌을 받으며, 높고 낮음도 없이 똑같으며, 삶의 시작도 끝도 모두 한 가지로 평등하다.

나 자신도 한갓 인간에 지나지 않는다
나 자신을 스스로 존중하고 넉넉한 품격을 갖추는 것 또한
나의 길이다
길은 산과 들
광야에만 있는 것인가
세상 속에 어울려 살아가며 품격을 유지하고 나서지 않는
것도 하나의 길이 아닐런가
들풀이 새순을 토해낸다
누가 나에게 매일매일 숨을 불어 넣어 주는가
새롭게 태어난 새순에 잎이 무성하다
생각과 마음이 하나의 행함의 열매를 채워가는 삶이다

나 자신의 본향의 길을 찾아 나서기 위해 고등학교 다닐 때 나 자신의 心訓을「仲忍仁者」로 정하고 지금은 집안에 가훈으로 걸려 있다. 책에서 벗끼리 일출에서 월야를 시화를 나누는 것이 글과 그림인 詩畵인 줄 알고 그것에 맞추어 글과 그림을 습작하다가 80년대 사회적인 흐름에 흡수되어 노동자의 길로 접어들게 되었다. 노동자의 한길로 한 세대를 살아왔으며, 이제는 자유로운 노후의 삶을 살아가고 싶어서 공모전에 시 부분이 당선되었다. 동적인 일을 하다가 이제는 정적인 일로의 변화를 추구하기 위해 첫발을 내딛는데 부족한 나 자신에게 일의 반이나마 가능성을 열어 주신 (사)한국다선문인협회 김승호 회장님과 심사를 맞으셨

던 심사위원님들께 감사를 드린다.

이제 작은 걸음의 반쪽이나마 걸어갈 수 있도록 격려해 주시고 도와주실 것 같은 희망의 줄을 드리우며 이 새로운 길을 가고자 한다.

흙에 길이 나서 걸어가는 길 위로 그림자가 동행자 되어 나의 발을 드러 올려놓고 그 길을 나는 걸어가다 그림자가 보이지 않고 없어져 있을 때 나는 어둠의 시간으로 들어 가 있는 것이다. 그러나 나는 슬퍼할 일이 없다. 한 점 흙으로 돌아가 있는 것이고 시간이라는 세월의 줄에 걸려 있는 것이다.

# 축사

다선 김승호 박사

첫 시집을 상재케 됨에 진심으로 축하를 보낸다.

먼저 문원(文園) 이한영 시인의 詩 세계는 철학과 삶의 깊이와 고뇌가 있음을 느끼게 한다. 누구나 인생을 살면서 한 번쯤 자신의 삶을 돌아보게 되는 것이 인지상정이기에 한 가지 일을 40여 년 가까이 하면서 스스로 자신의 일에 대한 돌파구를 찾고자 부단히 노력하는 모습을 엿볼 수 있었다.

그것은 삶의 희로애락이 아닐까. 그러면서도 우직하게 자신에게 주어진 삶을 묵묵히 살아낸 시인의 詩 세계는 불교에서 말하는 무념무상의 경지를 오가며, 자신의 인생과 현실의 생활을 돌아보고 철학적 의미와 인성에 대한 관철을 통해 끝없이 도전하는 시상을 시어로 풀어낸 것이다. 이제 시인은 詩人으로서의 길을 더듬고 목마름을 글로 표현하는 가치를 환갑을 넘기며, 풀어내는 도전에 성공한 것이다.

문원 이한영 시인의 글을 읽으며, 쉼 없이 살아온 그에 고뇌와 독자들에게 전하고파 하는 위로와 철학, 그만의 작품세계를 더듬어 보며, 내 자신을 돌아보는 계기를 삼아보았다.

여러 독자 제위께 귀한 시인의 글을 전달해 보며, 소중한 시인의 詩 세계에 다시금 경의와 격려를 보낸다. 더욱 상고하며 발전하셔서 노력과 열정의 결실을 맺으시기를 바라고 다시금 시집 출간을 축하드린다.

2023. 2. 어느 날 봄소식을 기다리며…

(사)한국다선문인협회 회장 김승호 시인

# 차례



## 1장

## 2장

## 3장

# 1장

⋮

그림자 위의 길을 걸어가는 자 / 강화 교동 벌

나라고 말하는 놈 / 어느 늙은 노동자의 회상

빛을 찾아 나선 길 / 산다는 것 / 永影

慈我(자아) / 빈 세월의 나 / 노을

뒤 돌림의 삶 / 퇴근길 / 물속의 고독

봄비 / 홀씨 / 回甲

파스카 축제의 삶 Ⅰ 삶의 고백 Ⅰ / 평화를 찾아가는 길

님을 기다리며 / 엄니가 사 오신 도가니탕

# 그림자 위의 길을 걸어가는 자

길 위를 빛이 드리우니
길 위에 동행자 되어
걸음걸음 벗이 되어
내 길에 방향 자 되어
나는 그 그림자 위를 걸어가고 있다

# 강화 교동 벌

바람 따라 들녘의 새들도
남북의 선을 넘나드는데

바닷물도 오르락내리락
거침없이 오르고 내리는 이곳

남과 북의 바닷물은 한 물길인데
너와 나만이 갈라진 선에 가로막힌 곳

이 선이 걷어지는 그날을 기다리며
오늘 밤 벗들과 바다에서 잡어 찌개를 끓여
술잔에 별빛을 담그어 마시니

바람도 흩어져 지나치고
달빛도 남과 북을 넘나들어 웃는데
무심히 별빛만 바라보고 있다

# 나라고 말하는 놈

책을 보고도 그 책을 모르는 놈이 되어
글을 읽고도 그 글을 모르는 놈이 되고도
나 책보고 글을 읽었다고 말하네

내가 말을 하고도
내가 뭔 말을 했는지 모르는 놈이 되어
내가 안다고 가르쳐 놓고도
내가 뭘 가르쳤는지 모르는 놈이 되고도
내가 가르쳐 주었는데 그것도 모른다고 말하네

들어도 알아듣지 못하는 놈
알아듣게 말하라고 핀잔하던 놈이
내 말을 알아듣지 못했다고 말하네

지나치는 사람들과 마주쳐도 알아보지 못하는 놈
앞에 서 있는 사람도 보지 못하고 지나쳐 가는 놈이
나를 모른 척 간다고 말하네

나라는 놈이 어느 세월에

말하고
듣고
행하고
남을 알아볼 수 있으려나

# 빛을 찾아 나선 길

어둠 속에서 나는 눈을 뜬다
두려움의 눈을 뜬다

짙은 어둠 속에서 한 줄기 빛이 보인다
빨간 불빛이 깜박깜박 눈앞에 아른아른거린다

두려웠던 어둠빛은 밀려가고
긴 잠에서 깨어나 눈을 뜬다

새벽빛이 밀려온다
나는 고개를 돌려버린다

빛을 외면하며 나는 움직인다
오늘도 나는
나의 빛을 찾아서
나의 길을 찾아 나선다

## 어느 늙은 노동자의 회상

출근길 정문 앞에서 머리를 밀리고
점호시간에 휘둘리고 시작되는 일
철야 특근에 파김치
집은 나의 잠자는 곳

8시간 노동으로 인간답게 살아보자
삶이 있는 노동자의 꿈을 만들자
노동자로서 인간답게 살아보자
노동자 하나 되어 세상을 새롭게 만들자
외치며 외치며 살아온 노동자의 길

체포영장에 검문
백골단 구사대의 몽둥이
사과탄 지랄탄 최루가스
억압된 싸움 속
작게 걸어가도 어둠 속에 횃불로 피어나리

억압의 틀이 내려와도
세상은 서서히 바뀌어 가고

바뀌어 가는 듯이 바뀌어 가지만
다시 뒤돌리는 자의 뒤돌림도
변화는 세상에서는 변하는 것
한 세월 숨 가쁘게 살아온 삶
이제 다시 또 가슴을 내 펴야 하리라

나를 찾고
너의 길을 열고
너와 나 한길 노동자의 삶의 길을 찾아

가자 가자
새로운 노동자의 길을 찾아
그 길로 우리 손 맞잡고 가자구나
서로서로 품안에 내어 안고서
노동자의 길을 가자구나

노동자의 길을 찾아
새로운 햇새벽을 맞이하러
동지여 함께 가자구나

# 산다는 것

나를 존재하게 하시는 분께서
나보고 오늘을 살라 하시면
나는 이렇게 살고파라

가는 시간이야
가는 대로 살아가다가
보내면 되고요

오는 시간이야
오는 그대로 맞아들여
살아가면 되고요

마음이 떠난 것은
미련 없이 치워
버리면 되지요

새로운 매듭들이
뒤 밀고 들어오면
받아들이면 되지요

삶이 연약하기에
치워 버리기도
새로운 것을 받아들 이 기도
버거운 삶
그대로
오늘
살아가렵니다
흐르는 시간

삶 그 언덕길
가파르게 치고 올라

시간 줄에 가두어 둔 삶
그 자체의 시간

오르는 길에 내어놓고 흘려버린 삶의 끈
엉긴 세월을 내어놓고 흘리면서 온 이 길

허덕이는 삶에 저 멀리 보이는 빛

삶 희망의 빛

꼬인 삶의 매듭이 시간 흐름에 풀리네

# 永影

흙으로 왔으니
흙으로 돌아가리라

한 점 흙길 위에
한 삶으로 살아가다 보니

그림자가 내 발을 드리우고
동행자 되어 너울너울 춤추네

한 점 재가 되어 그림자 보이지 않아도
서러워하거나 슬퍼하지 않으리

한 점 흙길에 한 삶을 살다가 가는 길
한 점 선으로 남아서 흘러가는 바람이어라

# 慈我(자아)

생각은 마음을 움직여 행하여지는 것
귀로 들려진 소리는 늘어진 엿가락 되어 떠돌고
삶의 귀하게 내어진 것은 귀하게 소멸되어 지고
헛되이 내어진 것은 헛 바람결이 되어 돌아온다

사람의 마음은 꺼내어 쓸 수도 없고
만질 수도 없고 볼 수도 없는 것이니
자신의 마음을 담아내어 쓸 수 있는 길
나를 찾아가는 길에 헛되어진 것뿐이네

생각은 마음을 담아 행동하는 길이니
깊이 생각하고 살아가야 할 것이나
잃어버린 것에 미련을 두지 말고
삶은 잊어버리고 소멸되어져 가는 길이다

나의 존재감은 자신 마음의 평온을 찾아
그 길에서 밀려오는 행동의 자신감이니
많은 일들을 부딪치며 찾아가는 길이
자아를 찾아가 가는 길이며

나를 사랑하고

내 평화의 길을 만드는 길이다

# 빈 세월의 나

살다 보니 집어 든 것들
들어서 늘어놓다 보니

흐르는 시간 속에 내어진
세월의 길이어라

남은 것은 세월 안에 내어준 것 같은 나
끌어안고 가슴에 움켜잡아도 흘러가는 나일 뿐

가지고 가지어도 빈손에 빈 것뿐
내어놓고 밀어내도

이내 몸이 지나쳐온 길의 흔적만이 쌓이고
이내 가슴은 뒤틀린 究明만이 남아 쓸려가는 시간이구나

# 노을

산 너머
머나먼 곳에서 피어올라
하늘과 맞닿은
그곳 지평선
빨갛게 타오르듯이
수줍어 살포시 내민 붉은 해무리
붉디붉은 옥구슬
마음에 가득히 담아두었다가
아침 햇살을 디밀고
오시는 님에게 내어드리리

# 뒤 돌림의 삶

세월의 흐름에 가두어 두고 살아온 길
세월의 전선줄처럼 흐르는 바람
흘러가는 삶의 길

전선과 수평선 철길을 오가는 KTX
이내 옴을 실어서
오다가다 보니 정동진역 모래사장의 해변

한 알갱이 모래알을 한 옴큼 쥐어 잡고
마음에 가득 채워본다
손가락 사이로 줄줄이 새어 비어진 모래알

호박 넝쿨에 내 마음을 담아 널어놓고
옥수수 낱알 세듯이 하나하나 세다가
한 줌 모래알처럼 흐르는 마음
흰 쌀 막걸리에 내 마음을 담가놓고
철길 따라 바람이 길을 내어주네

생각은 바람처럼 흐르고

마음은 평행선의 철길이 되어
행함은 흐르는 전기처럼
삶의 열차는 오고 가는구나

움켜잡은 모래알
억압의 틀을 벗어 버리고
파도에 휩쓸려 떠나가고
스스로 묶어 버린 억압의 틀은 언제 깨어지나
철길에 드리운 마음은 바람결에 실어
정동진 모래시계 바늘에 벗어버리고
닭갈비와 도루묵을 가슴에 실어서 돌아온다

〈살아온 길이 헛됨을 느끼어 헛됨에 깊이 성찰하고
벗어버리고자 정동진 여행길에 자신을 벗어버리지 못하고
있는 그 모습 그대로 그 현실을 그대로 가슴에 담아
오는 길에 나의 연약한 삶을 길에서 쓴 글〉

# 퇴근길

삼삼오오 나뉘어 둘러앉아
술잔에 하루의 해를 담그니
너와 나
한시름이 한 시간
서로의 갈등의 고리를 삭히니

너와 나
전등불 아래 드리워
내리는 빗줄기에 쌓여가는 술병만큼
전등불빛 만큼이나 세상에 젖어든다

그치면 가려고 시작한 한잔의 시름
5시 출근 알람소리에 새벽이 온 줄 안다
무엇에 젖어가는지 알지 못한 시간
무엇을 바라보고 살았는지
알지 못한 이 시간

지금도 비는 오고
이 새벽에 하나하나 흩어져 가지만

서로에게 젖어 있는 것은 무엇인가?

오늘은 쉬는 날
나는 내 안에 시간들을
오늘이라는 시간줄에 걸어놓으리라
봄

하얀 솜털을 내 품은 꽃봉우리
봄의 향기가 마음의 봄길을 만들어 가네
봄산에 난 길 위로 새벽 해무리
산봉우리에 걸린 구름자락에 이내 마음 걸어놓고

마음 깊은 곳에 있는
아집과 너그러움
슬픔과 즐거움
미움과 사랑
…
…
…

숱한 감정의 골에서 벗어나
믿음이 소망으로
사랑이 녹아드는 시간 속에
언약한 새순 같은 마음을
삶의 지게에 메어 지고 구름 따라 가리라

# 물속의 고독

백두대간 자락 방태산을 등반하고 아침가리 계곡에서 물놀이를 하다가 건너편 마당바위에 햇살이 은빛으로 내려앉아 영롱함에 매료되어 계곡을 가로질러 건너갈 때 순간적으로 몸은 무엇인가에 빨려 들어가 어느 한 곳에 머물러 있다. 감청색의 물길이 흘러간다. 낚시에 찌가 되어 발밑을 바라보아도 허공, 손을 들어 만세를 불러보아도 허상, 고개를 들어 하늘을 보니 물결 따라 주름져 흐르고 허공 속에 고독에 잠긴 나 자신뿐 아무 소리도 없이 고요하다.

【하늘】
물결 이는 대로 내어 맡겨 흐르고
손을 내저으면 깨어지듯이 흩어졌다
다시 뒤돌아서 해맑은 빛을 내어주고
이 고요함에 편히 쉬어지고 싶어라

물속에서 고개를 들어 하늘을 바라보니 바람결에 따라 하늘이 물결에 출렁임에 내어 맡겨 춤을 추듯이 해맑게 비쳐오다가 휘몰아져 돌아가듯이 하늘의 구름이 심하게 찌그러져 흘러가는 모습이 수십 갈래의 파생적인 삶의 길이 하나의 삶으로 이어져 오는 것 같이 물결 따라 하늘의 구름이 굴절되어 흐르듯이 살아가는 이들의 굴절된 삶의 시간이 지나가는 듯 흘러간다.

고개를 숙여 발빝을 바라다보니 어둠의 공간에 빛이 들어 아주 진한 감청색의 물감을 풀어놓아 흘러가듯 어둠의 시간이 삼키듯이 소의 바닥은 모이지 않는다. 두 손을 웅크리고, 만세를 부르고, 발을 내차고 춤을 추고 몸을 틀어서 너울너울 나서지만 그 자리 그곳에 머물러 있다. 한길 물속에 나는 머물러 어머니의 뱃속에 있을 때 모습일 것이라는 생각에 어머니의 모태에 들어앉은 것처럼 아늑하고 편안한 마음이 순수함으로 밀려와 부드러움이 온몸을 감싸 안으니 고요함에 두 눈을 감는다.

【어머니】

어둠의 공간에 빛이 들어 숨 고르는 소리
고요히 밀려오는 심장의 고동소리 들으며
발을 내차며 춤추다 내차 걷어차고 나온 길
어머니의 어둠 속에 밝은 미소의 빛이 내 삶의 빛

물결에 내맡겨진 몸 바람결에 흐름인가 물결 따라 흐르고 흘러 떠내려가고 있다. 떠내려가는 듯이 느끼며 그곳을 벗어나려 발버둥을 치지만 그곳을 벗어나지 못하고 빙빙 돌고 돌며 그곳에 머물러 있을 뿐 함께 온 이들의 목소리도 세상의 온갖 소음들, 바람소리마저 멈추어진 나만의 시간에 숨이 가쁘다. 물 위로 오르기 위해 자맥질을 해 보지만 몸은 더 깊이 빨려들어 가는데 몸은 움직여지지 않는다. 물의 흐름의 느끼며 물이 흐르는 방향으로 팔을 모으고 발을 웅크렸다가 팔과 다리를 쭉 뻗으면서 내차니 수면 위로 떠올랐다. 순간 물결에 걸려 있던 하늘의 구름마저 흐트러지고, 숨을 내 쉬며 주위를 들러보니 내가 걸어왔던 그곳에는 아직도 함께한 이들의 숨소리와 시끄러움의 소리가 들려온다. 산내음의 향기가 물결 따라 숨결이 되어 흘러온다. 바람결에 흩어졌던 구름도 구름의 모습을 찾아가고, 가고자 하던 마당바위에는 해가 걸터앉으려 한다. 내 등 뒤로 물결이 흐르고 있음을 느끼며 밀려 내려간다.

물속은 어머니의 품처럼 따사롭고 온유함으로 나를 감싸안으며 평온과 고요함이 밀려온다. 이 순간 나는 나를 존재하게 하는 그분께 기도한다.

어둠의 빛을 내려 주시어 고요함으로 삶을 느끼게 하시니 감사합니다.
연약하고 나약한 나 자신에게 평온함을 내어주시니 감사합니다.
나 자신이 무엇이기에 당신께서는 어머니의 품처럼 따사롭고 평온함을 체험하게 하시니 감사합니다.
세상의 시끄러움 속에서도 당신을 볼 수도 만질 수도 없지만, 세상의 모든 일들이 잘 풀리어 갈 때도 당신은 그 모습을 감추시고 보이지 않으시고, 가장 가까이 함께하는 이들로부터 집착과 의심으로부터 내 영혼이 거덜 나 당신을 찾을 때도 당신은 보이지 않으셨습니다. 그런 분께서 내 안에 존재하는 평온함을 내어주시니 이제 모든 이들과 함께 나누며, 함께 나눔의 시간을 가지려 합니다. 하는 원초적인 인간 본연의 기도가 되어가는 그 순간 인간이기에 숨이 턱밑까지 차올라 다시 물 위로 떠올라 함께 하던 이들을 둘러보니 조급함과 아우성의 소리가 밀려온다. 함께하던 이들이 가까이 다가왔지만 어떻게 할 수 없는 일에 걱정하는 이들의 소리, 어디선가 끈을 모아 구조를 위해 끈을 묶어 내는 이, 산악회 플랜카드를 물속으로 드리워 흘려보내고 야

단법석들이다. 이제 함께하던 이들에게 다가가기 위해 물자맥질을 하지만 한 치도 앞으로 나아가지 않고 힘이 빠질대로 빠져 자꾸 물결에 떠밀려가고 물살에 떠밀려 들어간다. 물속을 들러 보니 산악회 플랜카드가 굴절되어 물속에 있고, 물속까지 깊이 병풍처럼 드리워진 암벽이 보인다. 플랜카드와 암벽 사이에 내가 존재하고 있는 것이다. 저 암벽을 내 차야고 나가야 이 물속에서 벗어나는 길이라는 생각에 숨을 몰아쉬며 있는 힘을 다해 물속의 암벽을 차는 순간 나의 분신과 같은 나의 안경이 물속으로 빨려들어 간다. 순간 떨어지는 안경이 얼마짜리인데, 안경 없이는 아무것도 볼 수도 없고 할 수도 없는데, 노는데 안경 없이 놀 수는 있을까? 하는 오만 가지 생각이 주마등처럼 스쳐 지나가는 순간 몸은 다시 물속으로 잠수하려 반응한다. 털썩 엉덩이가 앉혀지기에 보니 산악회 플랜카드 옆에 앉아있다. 내가 조금 전에 놀던 그 계곡이다. 함께하던 이들이 안도를 한다. 언제 그랬더냐 하면서 계속 계곡을 걸으며 뛰면서 물속으로 잠수하며 어릴 적 추억을 떠올리며 자연의 아름다움에 심취하며 놀고 있는 나의 모습이 천진난만하다.

# 봄비

솔솔 뿌려주는 가랑비는
빗살이 되어 안경에 서리가 되어 내리고
살살 불어주는 촉촉한 공기는
새벽 퇴근길 허공을 감돌아 가슴으로 파고들어
가슴앓이 깊은 숨소리는 바람이 되어
허공을 가르는 찬바람이 살을 에린다
내리는 가랑비는 내 옷자락을 촉촉이 적시고
흐르고 흘러내리는 가랑비에 대지는 숨이 트이고
내 삶의 숨소리는 오늘 평화의 숨소리

# 홀씨

홀씨가 빙그르르 돌고 돌아
대지에 숨어들면
어둠을 깨트리고 피어오르는 순처럼
오늘 삶의 어둠이 깨트려져
작은 소망의 씨앗이 피어나
해맑은 꿈이 바람결에 흘러가리라

갈대가 바람결에 휘날려 쓰러지고 일어서 휘날림은
그 부드러움 속에 강한 힘이니
연린 순처럼 연약한 마음을 내어놓고
세상 물결에 쓸렸다가 다시 일어서
새벽 내린 이슬을 머금은 곳에
눈을 들러보니 홀씨가 꽃을 피워내고
다시 홀씨를 날리어 간다

# 回甲

육십갑자 한 순례를 한순간 돌아 한 원
긴 세월의 줄인 줄 알고 짧은 줄 내어 달라
짧은 세월의 줄인 줄 알고 긴 줄을 내어 달라
길고 짧음의 줄 잡고 돌고 돌아 한 순례 돌아선 回甲
꿈이 현실이 되어 오늘 이 시간 안에 머물러있네

안다 안다고
모르고 모른다고
그래 그렇게 하는 것이 원리라고
그런 것이 아니라
내 소리에만 집중된 시간

한 시간 한 순간도
나는 나를 모르는데
나의 무지함에 내 무지함을 묻어놓고
꿈이 현실이 되어 되돌아온
공허한 침묵 속에 묻혀 돌아온 回甲
무지함에 밀려드는 허무함에 배움의 길을 가련다

## 파스카 축제의 삶 | 삶의 고백 |

뒤돌아보지 말라

길을 가다가도 나는 그 가던 길을 돌아선다
내가 왜 이곳에
내가 왜 무엇 때문에 이곳에
나는 나를 보이는 모든 것을 부인하기 위해서
그 길 위에서 조건 없이 뒤돌아서서 걸어가고 있나 보다
언약함에 뒤돌아선 길을 다시 돌아서서
앞으로 뒤돌아서지 않고 걸어가리라

깨어 있어라

눈을 뜨고 돌아다니며 나는 깨어 있다
너를 위해 많은 일들을 하고 있다
나를 위한 일보다 세상을 위한 일을 한다고 말한다
그런데 왜
나의 가슴은 더 미어지도록 삶 속에 밀려드는
멍에의 실타래

살아가는 삶에 수많은 실타래가 엉켜서 밀려오는 길
어느 길이 내가 가야 할 나의 삶의 길
눈은 점점 시력을 잃어가고
마음의 눈은 보이지 않으니
내 안에 머무르시는 분께서
깊은 잠에서 잠들어 있는
나에게 깨어 있으라 하신다
오늘도 깨어나 마음의 평화를 빌어 본다

이 잔을 저에게서 거두어 주시고 그러나 당신 뜻이 이루어지게 하소서

습관적으로 내던지는 생각과 말과 행위
네가 나에게
내가 왜 너에게
수없는
바램과 소유욕
성취감과 욕망

…

…

…

어느 순간 밀물처럼 밀려드는 본연의 모습

내가 아닌 너

네가 아닌 나

가진 것 없어도 가마솥에 감자며 고구마를 삶아서 내어주

기만 하시던 할머니

싸리문 열어놓으시고

거지들이 들어오면

본인이 드시던 밥상의 밥마저 내어주시던 할아버지

지나가던 나그네가 냇가에 빠져

옷이 젖어 가지고 들어오자 새 옷을 내어주시던 아버지

살아있고 깨어 있다는 나는

깨어 있어 삶의 길을 찾아가고 있는 나는

오늘이 아닌

어제 속의 오늘

내일을 위한 오늘

오늘이 아닌 어제를 살아가면서

오늘이 아닌 내일을 위해
미명에 떠오르는 새벽을 기다린다
오늘의 오늘로 깨어 있어 기다리는 이 시간
모자라지도 남지도 않는 그 모습
모자라면 채워지고 남으면 넘쳐서 흐르는 시간
오늘도 평화의 시간이 흘러간다

다 이루어졌다

수없이 짧은 시간
수없이 많은 시간
초까지 쪼개어 쓰여져야
성공적인 인간이 된다고
학습된 인간들 속에 나도 학습된 인간이다
길지도 않은    은 시간
짧지도 않은 긴 시간
내가 아닌 너 나야만 된다고 외치며 허비한 시간
나의 외로움으로 밀려오는 고통
시간 안의 공간으로 밀려드는 분노, 증오, 혐오, 질책…

이 모든 것을 내어 버리기를 원하지만 어느 순간에 다시 채워져 있는 나의 모습에서 삶으로 밀려드는 두려움에 힘들고 지쳐 있을 때
나는
나의 주인
나를 존재하게 하시는 분
나의 안에 계시는 분께서
오늘 십자가에 매달리시고
조롱과 고통 속에서
네 십자가를 지고 나를 따르라 말씀하신다
이 밀려오는 두려움의 길에 한 줄기 빛으로
이 길을 갈 수 있도록 청하리라
길이 보이는 듯
언제, 어느 순간에 그랬냐며 돌아서 가고 있는 나
오늘도 이 모습으로 태연하게 길을 간다
나 자신에게 화가 난다
나의 모습을 찾아 나서는 이 삶의 길에서
오늘도 나는
나의 주인이시며

나를 존재하게 하시는 분
나의 안에 계시는 분께
오늘을 오늘로서 깨어 살아가는 길이기를 청원하리라

너는 오늘 나와 함께 있을 것이다

말씀이신 그분께서 우리 곁에 오늘 오셨다
섬김을 받으려고 하지 말고 섬기며
겉옷을 달라 하면 속옷까지 내어주고
오리를 가자 하면 십리를 가주어라
받아들일 수 없는 거부감이 밀려온다
말씀이신 그분께서 오늘 십자가에서 돌아가셨다
성전 휘장이 위에서 아래로 찢어져
말씀이신 그분의 빛이 봇물처럼 밀려들고
그분의 성전이 말씀으로 세워져
없는 것이 아닌
그분은 살아계시며
오늘 우리에게 깨어 있으라 말씀하신다
우리가 단 한 시간이라도 깨어 있어

말씀이신 그분과 함께 머무르시기를 바라며
우리에게 그분 안에 함께 머무르라고 말씀하시고 계신다

흙으로 왔으니 흙으로 돌아가리라

흙 위에 길을 내어놓고 길 위에 살다가
길 위에 내 그림자 드리우면 나는 기뻐하리라
그림자가 보이지 않는다고 서러워하지 않으리라
길과 흙은 시간 속에 남아 흘러갈 뿐이다

〈파스카 성아 전야에 나의 모습을 뒤돌아보면서…〉

# 평화를 찾아가는 길

샛별을 바라보다가
신비스럽게 다가오는 빛에 나선 길
사랑스런 눈빛처럼
아름다운 마음으로
나아가는 이 길에
평화스럽게 살아가는
오늘의 길이기를 빕니다
마음을 돌아보니
시리고 아픈 날들이
상처로 남기지 않고
잔잔한 호수처럼 흘러가기를
더러는 삶의 풍랑이 일어
두려움에 떨고 있을 때
잠잠해져라
조용히 하여라
부드러운 음성에 고요해짐같이
평화를 찾아가는 이 길
오늘이 평화의 길이기를 빕니다

# 님을 기다리며

세상의 삶은 팔인 팔색이요 팔언 팔심이어라
세상의 변화는 세상에 이는 바람 소리 같으니
나뭇잎이 나부끼며 채워가듯이
떨어지는 숨소리 같은 삶이니
세상 삶은 가진 듯이 하나 비워져
바람결에 내려지면 님은 오시려나

# 엄니가 사 오신 도가니탕

야간일하고 잠들어 있는 자식을 깨우지 못하시고
밖에서 기다리고 기다리시다가
운동 갔다 오는 며느리 손잡고 들어오시는
손에는 무엇인가 들려 있다
저번 주꾸미를 사들고 가
내어드리고 돌아오던 길
너희나 잘 먹고 건강하여라
나는 풍족히 먹고 넘친다
봉지 봉지를 풀어헤치니 도가니탕
한 시간 한 세월을 내어주시다가
한 순간 아픔 없이 흙으로 가시고자 하시는 분
내 욕심이 과함에 한잔 소주잔에 드리우는 눈시울

# 2장

⋮

오늘 만족한 삶의 나는 / 대청봉 오르는 길 / 추어탕

삶의 순리 / 먹을 가는 길에 꽃은 피고 지네

평화 / 태풍에 꺾인 솔가지 / 그림자

길 / 잎새에 투영된 밝은 빛 / 냇가의 봄

내어진 삶의 길 / 마음에 이는 숨소리

외로운 명절 / 묵상 / 묽은 갈잎

둘이 하나인 한 숨소리 / 가족 공원묘지에 누워

비오는 날 공 차는 아이들 / 삶이라고 걸어가는 길 / 화분

# 오늘 만족한 삶의 나는

오늘 일을 끝내어 놓았으니
이제 나는 자유를 즐길 수 있다
끝내어 놓음이
끝내어 마감으로 내어놓고 돌아온 길
끝냄이 현실이며 오늘

이제 마무리 지었으니 좀 쉬고 가자
마무리 지음이 끝이 내어놓은 길
마무리한 그 현실이 오늘

오늘 나는 어제를 불러들여 살아간다
오늘 나는 내일을 열어놓고 살아간다
나의 오늘은 언제인가

오늘 만족한 삶을 살아가는 나는
어제도
오늘도
내일도
만족한 삶의 나

# 대청봉 오르는 길

바람도 쉬어가고 새들도 쉬어가는데
한 점 구름만이 흘러흘러 가을을 내어놓네

산꼭대기에 놓인 가방은 우리네 삶의 질량처럼 무거워
나도 지팡이를 내려놓고 쉬어가네

오색의 단풍잎에 취하여 오르고 오른 길도
잠깐인데 앙상한 가지만이 바람을 내어놓네

추풍은 어느새 지고 엄동설한이 내 앞에 멈추었으니
춘풍에 새순이 움트면 님은 오시려나

# 추어탕

서산 밭에 가는 길에 마주친 길가 추어집
추어를 갈아엎어 미꾸리는 없는데
새우는 등이 굽어 꾸벅꾸벅 쳐다보고
통 미꾸리는 둥글둥글 두 눈은 천정을 본다

한 잔의 소주잔에 하늘이 담기고
한 마리 미꾸리가 새우등 타고 목구멍으로 스며들고
산자락의 나뭇가지에 연초록 잎새의 향취
내 묵은 마음을 봄 향기로 삭이는구나

세월의 흐름인가
내 목에 흐르는 부드러운 꿈틀거림이
내 가슴을 스쳐 지나칠 때
봄바람에 꽃잎이 나의 길을 내어주는구나

삯이고 지나치듯이 스며드는 옛 벗의 향취가
솔잎에 바람이 되어 향기로 다가오는구나

# 삶의 순리

경쟁의 초점에 서서
초침마저 쪼개어 살아가야 하는 세상
물은 계곡 따라 낮은 곳으로 흘러내리는데
높은 곳으로 기어오르듯이 내달리기만 하는 삶
움직임을 물과 같이 낮은 곳으로 낮아져
서서히 숨을 쉴 수는 없는 삶
깊은 침묵 중에 심연을 가지며
자연의 순리처럼 주어진 대로
삶의 나눔의 시간을 가져 본다

# 먹을 가는 길에 꽃은 피고 지네

춘생춘란이라 했던가
먹을 갈아 난을 치자 하니
먹갈이는 갈리지 않고
들녘의 꽃은 피고 지어
다시 피고 내고 접어가는 세월이라
세월 속에 이내 마음을 담아내니
진달래 피어지고
철쭉봉우리 맺어가는구나
내 화촉에 목단화는 언제나 피어나리
너르고 너른 산자락 등에 메고
꽃씨 뿌려 꽃이 피어날 즈음에 님은 오시려나

# 평화

철크렁 컬크렁 전철소리에 깊은 잠에서 깨어나
창밖으로 밀려오는 햇살에 두 손 모아 눈을 감는다
어둠이 밀려가고 나 자신이 깨어나 산자락을 바라본다
어디에선가 들려오는 까치소리에 밀려오는 평화

잎을 털어낸 나뭇가지가 흔들리며 쉬엄쉬엄 바람이 지나친다
바람을 등지고 높이 날아오르는 새들
바람을 가르며 힘겹게 나아가는 새들
어디에선가 들려오는 까치소리에 밀려오는 평화

모았던 두 손을 내려놓고 두 손으로 창문을 연다
밀려오는 겨울바람이 집안을 휘감아 흘러 흘러가고
해맑은 햇살이 집안 가득히 밀려오네
어디에선가 들려오는 까치소리에 밀려오는 평화

# 태풍에 꺾인 솔가지

태풍에 한 겹 다 벗어던지고
뒤틀려 꺾인 솔가지에 덩그러니 서 있는 너

먹구름에 감추인 깊은 곳
파란 햇살이 숨어 있는 듯
상처 깊은 곳
심연의 고요함이 흘러흘러
숨을 내어 쉬네

약한 것 내어지고
꺾이는 것에 무너져 내리리

태연히 나를 버리리라
너를 바라보는 이 순간
홀연히 첫 마음이라

날이 밝아 일할 때
어둠을 내어 쉬어가니
모든 일이 쉬엄쉬엄 한 걸음이어라

# 그림자

그림자 위로 걸어가는 길이
비워져 있기에 차지 않으며

햇살이 내려 비쳐오니
그림자와 동행하는 삶의 길

어둠이 밀려들어 그림자가
나를 벗어나면 한 점 흙으로 남으리라

흙으로 되돌아가도
텅 비어 있는 한 점으로 남으리라

# 길

연초록으로 피어올라
바람 흐르듯이 빛으로 내려앉아
날리던 잎새는 한 점 구름이어라

구름이 흐르듯이 파란 빛줄기
내 젊음으로 가는 길에 만나서 가는 벗이라

색색의 갈잎은 가로등 불빛에 익어가는데
오가는 이들의 벗이 되어
삶의 향기로 피어나네

갈잎 향기에 취하여
먹음은 한 잔의 술잔에
내 삶을 내어놓고 가련다

# 잎새에 투영된 밝은 빛

연초록 잎새에 빛으로 물들어가는 숲
나뭇가지에 물이 올라
새순이 움이 트이고
내 삶의 숨이 움트는 소리

여린 잎새가 파릇파릇 익어
밝은 빛이 투영되어
해맑음의 숨결이 부드러움으로 흘러
내 삶의 숨소리 잔잔하게 흐르는 소리

연약함이 묻어나
매만지지도 못하고
마음으로 내어진 빛
이 빛을 따라 오늘
나서는 한 걸음의 길

# 냇가의 봄

갈잎을 가르며 흐르는 물살이
돌에 걸리어 쪼개지고 흩어져 흐르다

흩어져 흐르다가 솟구치는 물살은 풀섶 사이로
숨어들어 삭이며 얼음 속
고요히 겨울 냇물이 되어 대지를 적시니

베어진 벼 뿌렁이에 붙어있던 흩 낟알갱이
물살은 대지의 낟알갱이 씨앗을 불려 터트리고 섞여
봄이 오면 씨앗은 어둠을 깨트리고 움 틔우리

매화봉우리에 물이 오르면
냇가 풀섶은 연초록의 새싹을 토해내어
봄의 향기를 바람결에 내어놓는구나

# 내어진 삶의 길

높은 산자락 떨어지는 용소의 솟구치는 소리에 물길이 열리고
샘물은 쉬엄이 흘러 내를 이루어 길을 만들어 흘러가
쉼 없이 바다로 흘러들어도 넘침이 없이 받아들인다

두 눈을 감고 어둠 속 침묵에 밝은 빛은
바람결에 창문에 부딪쳐
끝을 모를 공허함에 이내 마음은 알 수도 만져지지도 않으니
보여지는 자신도 모르는데
어찌 보이지도 않는 것을 안다 말하리요

마음은 맑은 거울이니 수시로 털어내고 비워져야
해맑음의 마음으로 심안을 볼 수 있다
흘러내리고 흘러가야 하는 길에 머무르고 쌓여만 가는 나의 길

헤아림 없이 자신의 가고자 하는 길
모자람으로 가득 찬 이 길을 잘난 체하여 나서지 않고
옥이 티를 숨기지 않듯이 내어진 삶의 길을 나서리라

# 마음에 이는 숨소리

방정맞어 흐트러져 있는 나의 모습
한 치의 나오는 혀로 사람을 찌르지 아니하기를

맑고 맑은 심성의 빛을 바라보지만
바람결에 흔들림에 수없이 흔들려가 자신을 내세우지 않고

자연의 흐름이 삶의 흐름 속에 묻혀져서 흘러지듯이
물이 흐르듯이 잔잔히 흘러가는 삶이기를 바란다

마음에 이는 숨소리가 잔잔히 비워져 흘러내리면
혼돈되이 흐트러진 내면의 삶의 모습

한 치 혀에서 나오는 소리는 바람결에 올려버리고
갈기갈기 무디어진 마음은 맑고 맑은 심성에 빛내림은 고요한 내면의 숨소리 움트네

머물러 있으므로 내가 가질 수 있고
행함이 있으므로 존재가치가 있으며
멈추고 쉼이 있으므로 비어지고 흘러가는 것이니

삶은 항상
비워지듯이 채워지고
채워질 것 같으면 비워지는 삶

비움과 채워짐은 내 마음 안에 있는 것이니
이 봄날에 잔잔히 새순이 움트이는 삶의 길
이내 마음에 벚꽃이 떨어져 길을 내디딜 때 님은 오시려나
기다림의 시간

만남은 기다림의 시간
보이지 않는 그곳에 드리운 네 모습
마음은 이미 서로를 바라보고 있네요

시간이 흘러흘러 마주 앉을 때
긴 겨울 이야기로 안주 삼아
봄을 이야기하자구요

당신을 기다리는 이 시간

바람결에 흔들리는 잎새에 빛이 드니

잔잔히 물이 흐르듯 삶의 길에 당신을 바라봅니다

# 외로운 명절

삶
그어지는 시간 줄에 드리워지는 그림자
한 자락 점으로 이어지는 시간의 세월

세월이 깊어질수록
깊어만 가는 외로움의 길
명절이라고 너 나 없이 허덕허덕
오가는 이 없이 기다림의 오늘

하나하나 만나자고
하나하나 살아가다 보니
외로운 우리네 삶의 길

너와 나
하나가 되어 살아가다
우리가 되어 살아가던 그 길

시간 흐름의 변화된 삶을 생각하며

옛 명절의 혼잡함 속에 흐르는 물결이
옛 시간의 섞여지던 그 시간이 그리워라

# 묵상

당신은 제 안에 계시나이다

어둠 속으로 밀려오는 깊은 숨소리에
가슴을 내밀어 봅니다
밀려오는 서글픔에 눈시울을 억누르고
가슴을 내밀어 봅니다
밀려오는 깊은 아픈 현실에 차오르는 숨소리에
가슴을 내밀어 봅니다
밀려오는 고통의 현실을 억누르고
가슴을 내밀어 봅니다
그 누군가 내어놓는 신음소리에
가슴을 내밀어 봅니다
답답함이 가슴으로 밀려들어 큰 숨을 내몰아 쉬며
가슴을 내밀어 봅니다
아침에 떠오르는 햇살이 별이 될 때까지
가슴을 내밀어 봅니다
내밀어 놓은 내 가슴에
당신께서 제 안에 계셨나이다

# 묶은 갈잎

산비탈 오르고 오르니 땀 자락에 바람이 지나가고
갈잎이 겨우내 쌓여 있다가 바람결에 흩어져가네

산자락 달려가며 숨소리 거칠게 내어 쉬니
바람결에 흩날린 먼지만 길을 내어놓는 구나

숲속 갈잎이 쌓여있기에 몸을 틀어 바라보니
지나간 긴 시간에 내어진 바람이 불어오니 움트이는 소리

취하듯이 잃어버린 봄향기
이내 마음도 움트는 새순에 실어놓아
바람결에 구름 흐르듯이 흘러가리라

# 둘이 하나인 한 숨소리

혼자 잠을 청하러 자리에 누우니
침대가 좁디좁아
뒤적이다 떨어지려 잠은 깬다

옆에서 숨을 고르는 숨소리
고요히 바람을 일으키네
살포시 침대에 다가서
바람 이는 숨소리에 잠을 청한다

나 홀로 누워도 비좁던
한 침대에 둘이 누워 한 숨소리
둘이 하나가 되어 한 숨으로 흘러간다
삶의 길 위로 하나가 되어 잠이 든다

# 가족 공원묘지에 누워

세월의 흐름이 둥글더라
내 마음도 둥글둥글 굴러온 길
떠오르는 달도 둥글둥글하더라

칠흑 같은 어둠 속
무덤가에 핀 아카시아 꽃 향기
이내 봄 숨소리에 깊이 배어오고

바람결에 이는 풀섶의 향취
누운 자들의 안식을 기원하며
이내 몸도 무덤 옆에 누워 소리를 듣는다

이 삶의 향취에 몸의 향기를 실어
편안한 안식을 기원하며
보름달에 실어
누워 쉼을 얻는
이 연령에게 영원한 안식을 주소서
영원한 빛을 그에게 비추소서

# 비오는 날 공 차는 아이들

천둥 번개 치는 소리
빗줄기가 굵어져 나뭇가지를 때리는데
집을 나서 걸어가는 길
아이들의 공차기 소리에 가던 길 멈춘다
비가림막에 서 있는 이들 틈으로
바람이 흩날려 물결이 되어 떨어지고
한쪽 길가 평상에서는 장이야 멍이야
천둥소리같이 번쩍 터져 나오고
깊은 숨 몰아쉬며 뛰는 아이들의 공 차기
비가 그치고 햇살이 드리우면
무지개 떠오르니
무지갯빛 따라 집에 가려므나

# 삶이라고 걸어가는 길

구름이 이는 바람결은 고요히 흘러가고
삶의 숨소리 고요히 다가와 서 있네
내 안에 이는 물결이 햇살이 되어 흐르니
세월에 흐르는 삶의 햇살은 빛이 되어 내리 비쳐오네
들녘 곡식은 바람에 익어 고개를 숙이고
흐르는 바람결에 돌고 돌아온
내 삶은 익어
내 안에 머무르듯이 흘러갈 뿐이구나

삶의 목마름
나 자신의 목마름
흘러가는 세상 속의 솟구치는 목마름
연속적이며 반복적인 일상의 삶
일상의 삶에서 나의 영혼의 청결을 갈망한다

당신의 지혜와 꿈과 희망을 찾는 이 시간
퇴근길 어린아이가 환히 웃으며 엄마 품에 안기고
행복한 기쁨으로 아이를 안는 엄마의 모습
일상의 이 삶에서 나를 찾아 나선 오늘

삶의 한가운데에서 정리되지 않은 일들
제 삶의 목마름의 갈망하는 마음
나의 심지에서 피어오르는 무언의 골
자신에 대한 나의 믿음
지혜는 자신을 갈망하는 이들에게 다가와
자기를 알아보게 하는 희망의 줄이다
배우려는 진실한 소망이 꿈을 갈망하고
꿈과 희망을 이끌어 가는 삶의 길이다

# 화분

화분에 씨앗을 뿌리고 물을 주니
어둠 속에 파묻혔던 씨앗이 움이 트여 솟아오른다
나의 길에 매일 삶과 죽음의 숨을 누가 불어 주는가
새롭게 태어나는 새순처럼 필요한 오늘의 움이 트인다
오늘 살아가는 생각과 마음이 흩어져
다르게 행하여지는 길에도 삶의 열매는 익어가리라

# 3장

⋮

빛 / 비워지는 삶 / 동네 길가 카페의 커피
삶의 깊은 물길 / 모래알 / 자연과 벗
불빛에 흩날리는 벗 / 곁가지 / 노송
빈 의자에 실린 삶의 향기 / 고향집 / 청솔 향기
꿈 / 떠나가는 벗 / 쇳물 꽃
아빠라는 이름 / 삶의 길 / 가자구나
고향에 남겨진 나무 / 주어진 길
한잔 술에 담긴 세월 / 흐름의 시간

# 빛

이 세상의 참 빛이 내 안에 머물러
당신 품의 향취를 맞으며 살아갈 수 있는 삶
당신이 내어주신 이 삶의 길이
오늘이라는 이 시간을 느끼며 살아가게 하소서

부딪치며 아파하는 상처보다
부딪치며 함께하는 기쁨이
다가서며 나눔의 빛이 삶으로 내어져
빛을 나누는 삶의 길을 걸어가게 하소서

나뭇가지에 사이사이에 빛이 들어
세상을 밝게 비치더니
바람이 일어 세상을 덮는다

하얀 세상이 오는 듯하더니
저 너머 온 세상이 밀려와
세월의 삶을 덮어 버린다

들녘에 덮인 세월의 이불자락을 들춰내니

긴 잠에서 깨어나는 대지의 숨소리
숨소리에 대지가 깨어 봄이 오고
삶의 숨소리에 노래자락 실리어 자연의 봄이 온다

# 동네 길가 카페의 커피

회색의 아파트 틈새에 난 길
길가 카페에 앉아서 나뭇잎을 본다
산자락에 이는 바람결은 잎을 흔들며 불어오고
고요한 카페의 숨소리는 내 안에 스며 머무르네
검붉은 커피의 향기
악마의 촉촉한 입술처럼 촉촉이 배어 흐르는 호수
바람결에 흐르는 숨소리
잎새에 이는 바람이 내 가슴으로 흐르고
호수에 드리운 검은 물결
악마의 숨결이 되어 잔잔한 내 가슴을 요동쳐 흐르네
내 심장에 샀아 내린 너
바람결에 이는 순순함
연인의 여린 입술처럼
보드러운 물결이 되어
내 안에 흘러들어 내 님을 기다리라 하네

# 비워지는 삶

머물러 있으므로 내가 갈 길이 있고
행함이 있으므로 존재의 가치가 있으며
멈추어 쉬고 있으므로 비어질 수 있는 길

삶은 항상 비워지듯이 채워져 있고
채워진 것처럼 비워지는 삶
채움과 비움은 내 마음속에 있는 것
이 내 심경에 꽃잎 떨어질 때 님은 오시려나

# 삶의 깊은 물길

태연히 하늘을 바라본다
흐린 하늘엔 달도 없는데
샛별만이 바람에 흐르고

바람 한 점 없는 나뭇가지
잎새도 고요한데
나의 깊은 시름에 젖은
깊은 숨소리 내어놓으니
잎새에 새들이 쉬어 날갯짓하네

흐르는 시간
잠을 잃어
구름이 흐르는 대로
내 발걸음을 내어놓으니

초연히 마시던 탁주 사발
삶의 깊은 삶의 길
흐르는 물길에 드리우고 흘려보내니
바람결에 구름 따라 흘러가네

# 모래알

해변가 모래알
한 움큼 잡아 오그려 모아들이니
어느새 흘러내려 가는 것이 세월인가
남기려 움켜잡고 잡아도 흘러내림이
달려들어 쌓아 놓은 것이 없어짐이 삶이런가
채워지듯이 쌓이는 것이
바람결에 흘러 벗 됨이 없이
삶이 이는 대로 흘러가는 길에
벗이 되어 다가오는 것이 삶이런가

# 자연과 벗

찬바람이 이는 겨울날에
옷을 겹겹이 입어도 따뜻함이 없고
먹고 마셔 마음만은 여유롭고
만족함이 풍족하나 비워져 없고
가졌던 모든 것을 벗어버린 가을 들녘처럼
바람결에 흐르는 구름처럼 삶은 비어지고
한순간에 꾼 꿈처럼 흩날리는 낙엽처럼
자연과 벗 되어
이 길을 걸어가면 님은 오시려나

# 불빛에 흩날리는 벗

눈이 나리는 가로등 불빛에 흩날리는 벗들이
세월을 덮으려 하얀 눈 꽃길을 만들고
집안 베란다 동백꽃이 피어나
달빛에 휘감겨 달빛 따라 흐르고
겨우내 내려앉은 삶의 깊이 속
봄향기 품어가니 바람 이는 날에 봄은 오네
어둠 속에 흐르는 구름을 벗 삼아
내어지는 삶의 무게 담아내는
벗의 추억의 술잔에 벗의 모습을 담아
세월을 구름에 띄워 보내리

# 곁가지

깊은 밤 눈 나리는 길가에 벗을 만나
한잔 술에 삶의 시름을 털고
길을 나서 돌아오는 길에 헐벗은 나뭇가지
마음을 실어 내니 겨울 바람결이라
곁가지에 흐르는 바람결이 한가로이
벗을 만난 즐거움이 무던히 흐르고
흐르는 가지 새로 세월이 바람결이 되어 흐르네

깊은 밤 전등불 빛이 흐르는 고요함
나 홀로 벤치에 앉아 세월을 흘려보내리
깊은 잠에 빠져 숨을 고르는 소리
곁가지에 흐르는 바람결에 흘러오는 헛꿈의 소리
구름이 벗어난 자리에 별무리 틈에 상현달이
마음속을 채워 올라 흐르네
세상에 짊어진 멍에를 벗어내어
구름에 실어내니 벗겨진 내 모습

# 노송

잎새에 이는 비바람
길모퉁이 여제단에 멈추듯
흘러가는 구름을 밀어내어 빛을 비추니

길자락 오가는 벗들
무심히 길을 지나쳐 가는데
외로이 노송만이 비바람을 맞으며 서 있네

땅자락에 잡풀들도 풀향기 피우며
바람결에 편안을 빌어주고
풀섶과 벗이 되어 바람결에 춤을 추니

외로이 노송만이 세월을 잊은 채
갈섶과 벗이 되어
바람결에 길을 내어 나그네를 부르네

# 빈 의자에 실린 삶의 향기

산자락 숲
너~~~머의 길
가다가다 놓인 빈 의자
누구를 기다리는가

빈 의자에 앉아서
먼 곳을 바라보며
누군가를 기다리듯이
넋을 내어놓고 바라보는 이

빈 의자에 들풀이 꽃을 피우고
흰나비 날아들어도
무엇을 기다리듯
보지도 않은 채 앉아 있는 이

산자락 숲
너~~~머가 보이지 않아
산길 빈 의자에 앉아
내어진 삶의 향기가 되어

들꽃 향기에 담겨서 흐르는 이

## 고향집

고향집 싸리문을 밀고 들어서면
앞마당 텃밭에 감자꽃이 피어 나비를 부르고
담장 들러 과일나무에 과일이 주렁주렁
할머니의 거칠어진 숨소리가 고요히 들리면

뎃돌에 신발 벗어 던지고
화로에 익어가는 고구마를 내리 들고
가마솥단지 옥수수 서너 개를 들고 뛰어 나가면
할머니 거칠어진 소리 넘어질라 숨 고르는 소리

뒤뜰 장독대 옆 고염나무는 속이 비어 구렁이가 똬리를 틀고
장독대에는 할머니의 정화수
옛 벗들은 지금은 어느 곳
할머니의 숨소리에 묻어 있는 할머니의 숨소리

# 청솔 향기

갈바람에 갈잎은 털어내어져 삭여지고
상수리 군락에 청솔의 향기는 봄을 품어내고
바람결에 흐르듯 지나가자 하니
솔향기는 벗인들 멈추어 가라한다

물결 흐르듯 지나쳐가는 벗들과 가는 길
산내에 흐르는 바람결이 바닷길에 멈추듯
내안에 머무르며 흐르는 삶의 길에
바다 물결 넘실 춤추며 다가오는 길거리에
멈추듯 다가선 지평선 너머의 님은 오실런가

# 꿈

어제의 오늘이 아닌 오늘의 오늘
내일의 오늘이 아닌 오늘의 오늘
오늘 오늘이기에 행복하다

꿈을 찾아서 살아온 어제의 길
오늘 길에 꿈이 안 보여 다시 나서는 길
내일은 꿈을 이루리라는 희망

돌고 돌아서 온 이곳 오늘 이 길
오늘 가진 것만큼의 꿈
꿈은 새로운 희망의 줄

오늘 이 순간 꿈을 만나서
꿈을 만나서 새 희망의 줄을 잡고
오늘 새 꿈을 꾸며 희망의 길을 나선다

# 떠나가는 벗

첫 만남이 한 시간인 줄 알고 보낸 세월이 수십 년의 시간
한 시점인 줄 알고 지나치다 보니 호호백발
변함없이 담아두자던 너와 나
깊이 파인 주름에 빈 껍질만이 남겨지고

흘러간 많은 시간들은 세월 정으로 남아 흐르고
얽히고 섞여졌던 해맑음의 순간들은 흘러 세월이 되어
부딪치며 깊이 꼬였던 매듭들은 정이라는 바람결에 지나치며 풀어지고
그래도 남겨진 앙금들은 세월의 별바램이 되어 헛웃음뿐

어느 벗은 급히 시간 흐름의 길을 건너가 바람결에 흘러가고
어느 이는 중간에 떠나가 보이지 않고 메아리만이 되돌아오고
함께 있으며 함께 머물렀던 동료는 서로의 삶만큼이나 깊은 정으로 남아
우리네 겪은 정은 잎새의 별바램이 되어 깊어져만 가는 길

삶의 시간 테두리에 갇히어 살아가지만
시간 흐름에 밀리어 떠남의 시간

오늘 서로 벗어나는 시간
긴 시간 함께 나누었던 정

담아두지 못한 시간의 아쉬움
해맑음의 호호백발
다툼으로 쓰리었던 꼬인 매듭
…
…
…
긴 세월을 한 잔 술잔에 담아서 넘기네

〈한 직장에 입사하여 30여 년을 함께 한솥밥을 먹다가
정년을 맞이하여 회한에 쌓여 한 잔 술을 하며
동료들을 생각해 본다.〉

# 쇳물 꽃

밤새 아크 소리에 처절히 부서져 내리는
녹이 슬은 고철 덩어리

조명등 아래 분주히 오가는 손길
혼돈된 분주한 시간

로안 아크파장에 원을 그리다가
색색이 돌고 돌아 맑은 쇳물을 토해내는 밤

허공을 돌고 돌다가 혼돈된 어둠 속
무심히 스며드는 불빛에 밖을 본다

버려질 곳에서 버려지고
녹아내릴 곳에서 녹아내리는 쇳물

녹이 슬어가는 삶
나에 나
비워진 공간
새로이 비워가며 채워가는 삶의 길

# 아빠라는 이름

쓰러지듯이 어스러진 선술집
아무도 없는 원탁에 외톨이 되어
주인장과 주거니 받거니
세월의 가로등 불빛을 술잔에 담근다

한 잔 술기에 냉장고에 붙은 가시 물고기 포스터
두 잔 취기에 벽에 붙은 물고기 남자
먹거리도 앉을 자리도 없는 이곳
그냥 그렇게 떠나 다니다가 흐르듯이 머무른 이곳

어미는 떠나고
아비는 남아서 알을 지키는 가시 물고기
물살에 버티려는 가시 물고기의 모습
한 잔 술에 두어 잔

흐르는 물에 떠밀려
작지 않으며 작은 가시에 내어 둘러 가는 물소리
낳고 가버린 어미
어린 새끼 더듬어 보살피다가 스러져

내 몸 삭여서 새끼먹이 되고
어느새
내 뼈대 물결에 뒹글뒹글
아이야
저 물살이 거세짐은 물결이 아니라
마음으로 흐르는 아빠의 물결이어라

오늘도 밤하늘의 구름을 벗 삼아
가로등 불빛을 가슴에 담아
시간을 삼켜두고
선술집을 나서 집으로 간다

〈어렵고 힘든 삶을 이겨내고자 아무 연고도 없는 이곳에서 선술집을 하며 배우의 삶을 살아가는 아빠의 모습을 그리며 현실을 살아가는 현 아빠들의 모습들을 기억해 본다.〉

# 삶의 길

서쪽 하늘 끝자락
세상을 태울 듯이 해넘이가 검붉게 산을 넘는다
어둠이 밀려드는 시간
새들은 쉴 곳을 찾아 날갯짓
칠흑 같은 어둠의 띠가 세상을 덮는 시간
죽음같이 고요함의 숨소리

어둠의 띠가 풀려나가는
새벽 숨 쉬는 소리
밤새 뿌려진 하얀 꽃가루
문 앞에 산과 들
나뭇가지에 쌓인 눈꽃송이
마음에 쌓여오는 하얀 순백의 영롱한 이 길

누구도 지나간 흔적 없는 세상의 길
찬바람 맞으며 하얀 길 위에 내어진 내 발자국
이 길을 뒤돌아보지도 않고
누군가 내어주는 숨소리가
고요히 들려오는 숨소리에 나선

## 오늘 새벽 삶의 길

# 가자구나

술 취한다 술타령하지 마라
내어진 내 삶의 길
주어진 내 길 위에 나
틀어진 세상의 삶의 길
내 깨어진 길 위에 나 서서
흘러가고 있으니 가자구나
세월 안에 나 세워 가자구나~

# 고향에 남겨진 나무

어릴 적 심겨진 나무에 새들이 깃들고
지나온 길 뒤돌아보아도 보이지 않네
어설픈 숨소리 내어가며 걸어가던 길
희망의 빛을 따라 먼 길 돌아돌아 온 이 길
꼬지지한 대로 내어주며 함박웃음 내어주던 어릴 적 벗
지금은 바람만이 남아 바람에 실려서 갈 뿐이네
길 하늘빛에 드리워진 벗들의 그림자
구름에 실려서 바람 따라 흘러가는구나

# 주어진 길

어둠의 빛으로 내어진 이 길
빛은 내 안에 머물러 그어진 그 길
주어진 길 위에 내어지고 내어져 가던 길

와인 한 잔에 주어진 피
살아온 삶에서 피어난 나의 살
너 나 없이 접어두었던 삶의 길

삶의 길 위에 나서 있을 뿐
고층건물 선 안에 내어진 빛
형형색색 드리워진 삶의 굴곡의 선

삶의 굴곡의 길에 내어진 계산적인 삶
삶은 주어지고 내어진 길 위에 주어져
바람결에 흐르듯이 흘러가는 길

# 한잔 술에 담긴 세월

세월 삶이
한잔 술에 담긴 깊이만 하랴
흐르고 흐르다 보니
잔잔한 삶의 물결이 호수이어라

이 세월 속
이내 몸 내어놓으니
내 맘 내 속 단지를 한잔 술에 휘저어서 넘기자니
이 세월 속에 담아갈 뿐이어라

흐르는 세월 속내에 머물러 있음은
내 안에 세월이 있음이니
나 세월 가는 대로 바람결에 흘러갈 뿐이어라

# 흐름의 시간

푸르기만 한 나뭇잎 새로
수천의 바람과 천둥소리가 흐르고
번개 태풍에 건들바람이 불어
갈잎으로 비워 길을 내어놓으면
앙상한 가지에 하얀 솜이불이 덮여
눈꽃이 피어나 잠들고
촉촉이 젖은 눈매에
하얀 솜털이 피어올라 봄을 알리네

# 서평

## 삶은 시이며 시는 삶인 것
## — 문원 이한영의 詩 세계

유 승 우

### 1. 들어가는 말

문원(文園) 이한영 시인이 첫 시집을 출간한다고 한다. 이한영 시인의 호는 문원이며, 문원의 뜻은 '글 동산' 이다. 시를 영혼의 꽃이라고 할 때 그의 호는 영혼의 꽃밭이란 뜻이다. 이제부터 이한영 시인의 영혼의 꽃밭을 둘러보기로 한다.

인생의 길에는 세로의 길과 가로의 길이 있다. 세로의 길은 위를 향한 하늘의 길이고, 가로의 길은 지평인 땅의 길이다. 세로와 가로가 만난 것이 십자가이고, 그 교차점이 실존철학에서 말하는 인간존재의 실상인 '없음' 곧 무(無)이다. 수학의 직교좌표에서도 X축과 Y축의 교차점이 바로 제로(0)이다. 인간존재의 실상은 왜 '없음' 이며, '무(無)' 인가. 철학적으로는 의식적 존재이기 때문이고, 신학적으로는 하나님의 형상대로 창조되었기 때문이다. 하나님의 형상은 '없음' 이며, '무(無)' 이다. 이 '없음' 이 바로 "눈에 보이지는 않으나 반드시 있다는 뜻의 신비(神秘)" 이며, 창조성이다. 그렇다. 창조성은 '없음' 의 허무를 '있음' 의 세계로 형상화한 하나님만의 특성이다. 인간이 하나님의 형상이라는 것은, 바로 이 하나님의 창조성을 지닌 존재라는 것을 의미한다.

창조의 창(創)은 생명의 '없음' 에서 '있음' 이 되는 것이며, 조(造)는 '형체' 의 없음에서 '있음' 이 되는 것이다. 그런데 인간에겐 창(創)의 특성은 주어졌지만, 조(造)의 특권은 주이지지 않았다. 그래서 인간은 돌멩이 하나도 만들 수 없으며, 풀 한 포기도 만들 수 없다. 그러면 인간에게 주어진 창(創)의 특성은 어떻게 발현되어야 하나. 그것이 바로 창작(創作)이다. 이 창작의 특성을 발현하라고 인간에게 주어진 힘이 상상력이다. 상상(想像)은 우리말로 '그리다' 이다. 그러니까 상상력은 '그리는 힘' 이다. 인간존재가 '없음' 이기 때문에 '있음' 을 '그리는 힘' 이 주어진 것이다. 상상력은 '없음' 을 자각할 때 풍성해진다. 부모가 없는 고아는 부모의 모습을 그리고, 사춘기가 지나서도 연인이 없는 남녀는 연인의 상(像)을 그린다. 눈으로 볼 수 있게 그리면 그림이 되고, 마음속으로만 그리면 그리움이 된다. 그래서 인간존재가 '없음' 이라는 것은 '있음' 을 향한 그리움의 존재라는 뜻이다.

자연의 사물은 '존재' 곧 '있음' 이지만, 인간존재는 '없음' 곧 '무(無)' 이기 때문에, 인간은 그리움의 존재일 수밖에 없다. 그리움은 다른 말로 사랑이다. 그러니까 인간은 이 그리움 때문에 사랑하는 일을 멈출 수가 없다. 다시 말해 창작의 일을 멈출 수가 없다. 창작의 일은 생명의 없음에서 있음이 되게 하는 예술의 길이다. 예술(藝術)의 '예(藝)' 자는, "사람이 식물의 종자를 심는 모습을 상형한" 글자이며, 그 뜻은 '종자' 와 '심다' 이다. 그러니까 예술은, "식물의 종자를 심어서 키우는 기술" 이다. 사람에게 주어진 종자는 무엇일까. 말씀, 곧 언어이다. 이 말씀이 곧 하나님의 형상이며, 신비이며, 상상력이다. 그리고 이 말씀의 종자를 심어 싹을 틔우고, 꽃을 피우며, 열매를 맺게 하는 것이 언어예술이며, 시이다. 왜 하필 식물에다 비유했을까. 동물은 지평으로 기어 다니는 것이 삶이지만, 식물은 수직으로 오르는 것이 삶이기 때문이다. 예술창작의 길은 지평으로 기어가는 동물의 길이 아니라, 하늘을 향해 오르는 시물의 길이기 때문이다. 어둠 속의 길이 아니라 빛을 찾아 걸어가는 길이다.

## 2. 삶은 곧 시라는 것

사람을 가리켜 '만물의 영장(靈長)' 이라고 한다. 참 좋은 이름이다. 이 이름을 우리말로 옮기면 '임금' 이다. '임금' 의 '임' 은 하늘(天神)이고, '금' 은 땅(地神)이라고 한다. 그렇다면 '임금' 은 하늘과 땅이 하나가 되어 이룩한 사람의 이름이다. 하늘은 사람의 영혼(靈魂)이 되고, 땅은 사람의 육신(肉身)이 되어 사람이란 몸을 이룬 것이다. 그렇다. 사람은 '임(영혼)' 과 '금(육신)' 을 모은 임금의 몸이다. 문법적으로는 "모으다 → 모음 → 몸" 의 과정을 거쳐 사람(몸)이 된 것이다. '몸' 은 〈영+육=1〉이라는 하나 됨이다. 그래서 몸이란 말은 사람에게만 쓰인다. 기어 다니는 동물의 존재는 몸이라 하지 않는다. 그렇다면 '모으다' 라는 동사의 주어는 누구인가. 하나님이 땅의 흙으로 육신을 지으시고, 하나님의 생기를 불어넣으시어 생령(生靈)이 되었으니, 영과 육을 '모으다' 의 주어는 하나님이다. 그래서 사람은 곧 만물의 영장이며, 임금이다. 하나는 하나일 뿐 둘이 아니다. 몸은 임금일 뿐 영과 육으로 나누어지지 않는다. 땅을 딛고 두 발로 걷는 만물의 영장이다.

길 위를 빛이 드리우니
길 위에 동행자 되어
걸음걸음 벗이 되어
내 길에 방향 자 되어
나는 그 그림자 위를 걸어가고 있다

—「그림자 위의 길을 걸어가는 자」 전문

사람의 삶은 빛을 향해 나아가는 길이다. 빛은 곧 생명이기 때문이다. 생명(生命)의 날 생(生) 자는 흙에서 나와 자라는 것의 상형이고, 목숨 명(命) 자는 입이 있으므로 소리를 낸다는 것의 상형이다. 그러므로 생(生)은 식물적 생명이고, 명(命)은 동물적 생명이다. 사람도 분명히 동물이지만 기어 다니지 않고 하늘을 향해 서서 걸어 다니는 동물이다. 그래서 모든 생물의 위에 존재하는 만물의 영장이라고 한다.

위의 시는 시의 특성을 갖춘 짧은 단시이고, 그 제목은 너무 길고 설명적이다. 그러나 시의 예술성은 제목에 있지 않고 시의 본문에 있다. 위의 시 첫 행은 "길 위에 빛이 드리우니" 이다. 빛은 영혼에게 주는 하늘의 선물이다. 밝음은 영혼의 삶이고, 어둠은 영혼의 죽음이다. 위의 시에서 '길' 은 인생행로의 상징이다. 그러므로 제2행의 "길 위에 동행자 되어" 에서, 빛이 인생행로의 '동행자' 가 되었다는 것이다. 인생행로에서 빛이 동행자가 못 되면 어둠이 동행자가 되는 비극이 된다. 제3행에선 "걸음걸음 벗이 되어" 라고 했으며, 제4행에서는 "내 길에 방향 자 되어" 라고 했다. 첫 시집을 출간하는 시인의 인생행로가 이렇게 밝은 길이 된다면 얼마나 아름다운 일인가.

빛은 영혼의 길을 밝혀주는 하늘의 첫 선물이며, 공기는 육체의 생명을 이어주는 두 번째 선물이다. 이런 철학적 근

원을 갖고 있는 빛과 인생행로의 이미지를 이처럼 짧은 단시로 형상화했다는 것은, 이한영 시인의 문단행로의 밝음을 상징한다고 하겠다. 선배 시인으로서 박수를 보낸다. 다음 시를 보기로 하겠다.

바람 따라 들녘의 새들도
남북의 선을 넘나드는데

바닷물도 오르락내리락
거침없이 오르고 내리는 이곳

남과 북의 바닷물은 한 물길인데
너와 나만이 갈라진 선에 가로막힌 곳

이 선이 걷어지는 그날을 기다리며
오늘 밤 벗들과 바다에서 잡어 찌개를 끓여
술잔에 별빛을 담그어 마시니

바람도 흩어져 지나치고
달빛도 남과 북을 넘나들어 웃는데
무심히 별빛만 바라보고 있다

—「강화 교동 별」 전문

자연(自然)은 스스로 있다는 뜻이다. 그래서 사람이 인위로 조작한 인위사회가 아니라 무위자연이라고 한다. 무위자연은 인위사회와 달라서 금기조항이 없다. 위의 시 제1연의 "바람 따라 들녘의 새들도/남북의 선을 넘나드는데"는 새들의 자연성을 그린 이미지이고, 제2연의 "바닷물도 오르락내리락/거침없이 오르고 내리는 이곳"은 「강화 교동 벌」에서 본 바닷물의 이미지이다. 무위자연은 인위사회의 어떤 제재도 받지 않는다. 자연은 자유이다. 그러나 제3연의 "남과 북의 바닷물은 한 물길인데/나와 너만이 갈라진 선에 가로막힌 곳"도 「강화 교동 벌」의 이미지이다. 결국 남북이 갈라진 우리 대한민국의 실상을 형상화한 이미지이다.

인간의 역사는 싸움의 역사이다. 물의 흐름은 냇물에서 강물이 되고, 강물이 바다가 될 때 결코 싸우지 않는다. 무위자연이기 때문이다. 그러나 인간의 역사는 씨족사회에서 부족사회가 될 때나 부족사회에서 국가사회가 될 때 반드시 싸운다. 3국통일도 싸워서 되었고, 히틀러와 일제도 싸움에서 패했다. 그래서 독일은 동서로 갈렸었으나 지금은 통일이 되었고, 전쟁에 패한 일본과 천황은 그대로 있는데, 우리나라만 세계 유일의 분단국이 되었다. 그 아픔을 노래한 시이다. 그 아픔의 이미지를 "술잔에 별빛을 담그어 마시니"라는 제4연의 끝 행과 "무심히 별빛만 바라보고 있다"라는 제5연 끝 행의 이미지로 그리고 있다. 민족의 아픔을 그린 이미지로 공감이 가는 시이다.

책을 보고도 그 책을 모르는 놈이 되어
글을 읽고도 그 글을 모르는 놈이 되고도
나 책보고 글을 읽었다고 말하네

내가 말을 하고도
내가 뭔 말을 했는지 모르는 놈이 되어
내가 안다고 가르쳐 놓고도
내가 뭘 가르쳤는지 모르는 놈이 되고도
내가 가르쳐 주었는데 그것도 모른다고 말하네

들어도 알아듣지 못하는 놈
알아듣게 말하라고 핀잔하던 놈이
내 말을 알아듣지 못했다고 말하네

지나치는 사람들과 마주쳐도 알아보지 못하는 놈
앞에 서 있는 사람도 보지 못하고 지나쳐 가는 놈이
나를 모른 척 간다고 말하네

나라는 놈이 어느 세월에
말하고
듣고

행하고
남을 알아볼 수 있으려나.

—「나라고 말하는 놈」 전문

인간(人間)의 우리말은 '사람 사이' 곧 사회이다. 부모들이 자녀에게 "너 언제 인간 될래"라고 하는 것은 '언제 사회적 존재'가 될 것이냐고 묻는 것이다. 사회적 존재인 '사람 사이' 곧 인간이 되는 첫 단계가 결혼이다. 다시 말하면 너와 내가 만나서 하나가 되는 것이다. 하나가 되려면 '나'라는 존재가 없어져야 한다. 이 없어져야 할 나라는 존재가 한자로 사(私)이다. 이 사(私)가 없어지면 우리라는 공(公)이 된다. 그러니까 '사람 사이' 곧 인간이 되려면 먼저 사적 존재가 없어져야 한다. 그래서 너와 내가 만나서 '사람 사이'가 되기 위한 첫 조건은 사랑이다.

위의 시 첫 연은 "책을 보고도 그 책을 모르는 놈이 되어/글을 읽고도 그 글을 모르는 놈이 되고도/나 책 보고 글을 읽었다고 말하네"이다. 여기서 "글을 읽고도 그 글을 모르는 놈이 되고도"는, 인간이 되는 것은 지식이 아니라 사랑이라는 것의 이미지이다. 책을 보고, 글을 읽으면 지식은 얻을 수 있으나 나를 버리는 지혜인 사랑은 못 배운다. 오히려 지식이 많을수록 나라는 사적 존재만 내세우는 교만에 빠진다. 이런 사람을 가리켜 이한영 시인은 「나라고 말하는 놈」이라고 한 것이다. 그래서 위의 시 마지막 연은 "나라는 놈이 어는 세월에/말하고/듣고/행하고/남을 알아 볼 수 있으려나"로 마무리된다. 이런 교훈적인 주제를 시로 쓰려고 하니 설명적인 서술이 많아진 흠이 있으나, 이런 시도 쓸 수밖에 없는 것이 시인이다.

### 3. 시가 곧 삶이라는 것

사람은 말을 씀으로 해서 '사람 사이' 곧 인간이 되었다고 한다. 그래서 말길을 따라 사람이 어디에서 왔는지를 알아보려는 것이다. 사람이란 말은 '살다'라는 동사에서 온 전성명사이다. 곧 〈살다→살음→삶→사람〉의 과정을 거쳐 '사람'이 된 것이다. 동사(動詞)는 사물의 동작이나 작용을 나타내는 말이다. 그러니까 '살다'라는 동사는 사람의 동작이나 작용을 나타내는 말이다. 그런데 '살다'라는 동사가 자동사라는 데에 유의해야 한다. 자동사(自動詞)는 목적어를 갖지 않으며, 능동(能動)과 사동(使動)만 있을 뿐 피동(被動)이 없다. 이 말은 사람의 동작이나 작용은, '살다' 외에 어떤 목적도 있을 수 없으며, 스스로 사는 '능동'과 다른 생명을 살리는 '사동' 외에, 타율(他律)에 의해 살아지는 '피동'은 있을 수 없다는 뜻이다. 사람의 '살다'는 그냥 능동의 '살다'일 뿐이지, 무엇을 위한 '살다'도 아니요, 무엇에 의한 '살다' 도 아니라는 것이다. 그리고 이 '살다' 가, 모든 생명을 살리는 사동(使動)이 되어야 한다는 것이다.

출근길 정문 앞에서 머리를 밀리고
점호시간에 휘둘리고 시작되는 일
철야 특근에 파김치
집은 나의 잠자는 곳

…… 2, 3, 4, 5연 생략 ……

가자 가자
새로운 노동자의 길을 찾아
그 길로 우리 손 맞잡고 가자구나
서로서로 품안에 내어 안고서
노동자의 길을 가자구나

노동자의 길을 찾아
새로운 햇새벽을 맞이하러
동지여 함께 가자구나

―「어느 늙은 노동자의 회상」 부분

훈민정음에서 홀소리 곧 모음의 기본을 천지인(ㆍ ㅡ ㅣ)

이라고 했다. 홀소리는 저 혼자로도 발음할 수 있다는 뜻이요, 그것을 가리켜 모음(母音)이라고 한 것은, 이 모음이 닿소리 곧 자음과 만나서 모든 언어가 이루어진다는 뜻이다. 그런데 이 '천지인(天地人)' 중에서 하늘과 땅은 자연의 존재로서 이미 그 존재가 와성된 것이요, 사람인 'ㅣ'는 하늘과 땅의 어울림에 의해 '인간' 곧 '사람 사이'가 형성된다는 진리이다. 어쨌든 사람만이 없음 곧 무(無)에서 있음의 존재를 이루어내는 것이 사람의 '일'이다. 그래서 없음 곧 무(無)를 상징하는 'ㅇ'에서, 사람을 상징하는 'ㅣ'가 살아가는 것의 상징인 'ㄹ'과 합해진 것이 '일'이다. 'ㄹ'을 훈민정음에서 '유음(流音)' 곧 '흐름소리'라고 했다. 사람의 '살다'를 '물의 흐름'에 비유한 것이다. 그렇다. 물의 흐름은 '살다'의 이미지이고, 흐름의 멈춤은 '죽다'의 이미지이다. 그러니까 '일'은 곧 인간존재를 위한 흐름이라는 것이다. 이 일을 노동이라고 하며, 일하는 사람을 노동자라고 한다.

위의 시 「어느 늙은 노동자의 회상」은 일하며 살아온 한 늙은이의 추억이다. 제1연의 "출근길 정문 앞에서 머리를 밀리고/점호시간에 휘둘리고 시작되는 일/철야특근에 파김치/집은 나의 잠자는 곳"에서, 노동자의 일이 어떻게 시작되고 끝나는지의 실상을 알 수 있다. 그리고 너무 길어서 생략한 2, 3, 4, 5연은 신문이나 TV에서 흔히 볼 수 있는 실상이라 생략했다. 그리고 노동이 물의 흐름과 같이 사람이

'살다' 의 길임을 강조한 제6, 7연은 그대로 두었다. 제6연은 "가자 가자/새로운 노동자의 길을 찾아/그 길로 우리 손 맞잡고 가자구나/서로서로 품안에 내어 안고서/노동자의 길을 가자구나" 에서 보듯이 노동자의 인권을 위한 노동운동의 부르짖음이다. 그리고 제7연의 "노동자의 길을 찾아/새로운 햇새벽을 맞이하러/동지여 함께 가자구나" 에서도 같은 내용이다. 일은 그 어원에서 보았듯이 사람의 '살다' 의 길이다. 이 길을 찾는 것은 당연한 일이지만, 시 작품으로서는 예술성이 없는 현실적 부르짖음이다. 산문적이라는 것이다. 시의 제목도 산문의 제목처럼 설명적이다. 이한영 시인은 언어예술인 시적 이미지에 대해 신경을 쓰면 좋은 시인이 되실 것으로 믿는다.

어둠 속에서 나는 눈을 뜬다
두려움의 눈을 뜬다

짙은 어둠 속에서 한 줄기 빛이 보인다
빨간 불빛이 깜박깜박 눈앞에 아른아른거린다

두려웠던 어둠 빛은 밀려가고
긴 잠에서 깨어나 눈을 뜬다

새벽빛이 밀려온다

나는 고개를 돌려버린다

빛을 외면하며 나는 움직인다
오늘도 나는
나의 빛을 찾아서
나의 길을 찾아 나선다

—「빛을 찾아 나선 길」 전문

육신은 겉사람이고 마음은 속사람이다. 속사람은 모두가 어둠 속에 갇혀 있는 눈 뜬 장님이다. 마음의 창문을 열고, 빛을 받아들여야 한다. 이 빛은 하늘에서 오기 때문에 누구나 받아들일 수 있다. 자연의 빛은 결코 구별하지 않는다. 누구에겐 빛을 더 주고, 누구에겐 덜 주고 하지 않는다. 구별하는 것은 사(私)이고, 구별하지 않는 것은 공(公)이다. 사(私)의 마음은 어둡고, 공(公)의 마음은 밝다. 노자는 "천지의 마음은 편애하지 않고, 성인의 마음도 편애하지 않는다(天地不仁 聖人不仁)."고 했다. 이것은 철학적 표현이고, "신은 빛이시라"라는 것은 종교적 표현이다. 종교적 표현은 보이지 않는 신을 의인화한 시적 표현이다. 그래서 시를 신과의 대화라고 한다. 신과의 대화가 이루어진 에덴동산은 시의 동산이다.

위의 시 제1연은 "어둠 속에서 나는 눈을 뜬다/두려움의 눈을 뜬다"이다. 여기서의 '어둠'은 자연의 어둠이다. 그리고 제2연의 "짙은 어둠 속에서 한 줄기 빛이 보인다/빨간 불빛이 깜박깜박 눈앞에 아른아른거린다"의 빛도 자연의 빛이다. 이 자연의 빛은 제4연의 "새벽빛이 밀려온다/나는 고개를 돌려버린다"까지 시인에게 다가온다. 그러나 시인은 "빛을 외면하며 나는 움직인다/오늘도 나는/나의 빛을 찾아서/나의 길을 찾아 나선다"고 시를 마무리한다. 이제야 시인이 찾는 빛은 자연의 빛이 아니라 신과의 대화를 위한 시신(詩神)임을 알 수 있다. 시를 영혼의 꽃이라고 할 때, 시인이 찾는 빛은 자연의 빛이 아니라 영혼의 꽃을 피울 수 있는 시의 빛 곧 시신이라고 하겠다.

나를 존재하게 하시는 분께서
나보고 오늘을 살라 하시면
나는 이렇게 살고파라

가는 시간이야
가는 대로 살아가다가
보내면 되고요

오는 시간이야
오는 그대로 맞아들여
살아가면 되고요

…… 4, 5, 6, 7, 8연 생략 ……

오르는 길에 내어놓고 흘려버린 삶의 끈
엉긴 세월을 내어놓고 흘리면서 온 이 길

허덕이는 삶에 저 멀리 보이는 빛
삶 희망의 빛
꼬인 삶의 매듭이 시간 흐름에 풀리네

—「산다는 것」 부분

위의 시는 「산다는 것」이란 제목부터 인생론이다. 철학적 산문의 제목이다. 위의 시에서 생략한 제4, 5, 6연의 "마음이 떠난 것은/미련 없이 치워/버리면 되지요 // 새로운 매듭들이/뒤 밀고 들어오면/받아들이면 되지요 // 삶이 연약하기에/치워 버리기도/새로운 것을 받아들이기도/버거운 삶/그대로/오늘/살아가렵니다/흐르는 시간" 에서 보듯이 시적 이미지가 아닌 인생론이다. 그러나 제9연의 "오르는 길에 내어놓고 흘려버린 삶의 끈/엉긴 세월을 내어놓고 흘리면서 온 이길" 은 비유적 이미지로 형상화된 아름다운 시이다. 그리고 제10연의 "허덕이는 삶에 저 멀리 보이는 빛/삶 희망의 빛/꼬인 삶의 매듭이 시간 흐름에 풀리네" 도 내용은 인생론이지만 그 표현은 특이한 비유적 이미지의 형상화이다. 참 아름답고 상징적인 예술의 경지를 보여준 시이다. 여기서도 '빛' 은 시신의 상징이며, '삶의 끈' 이나 '삶의 매듭' 은 인생길의 상징이다. 그래서 '시는 신화이다' 라는 것은 시의 내용적 정의이며, '시는 이미지이다' 라는 것은 시의 형식적 정의라고 한 것이다.

## 4. 나가는 말

이제까지 이한영 시인의 영혼의 꽃밭인 詩 세계를 둘러봤다. 그 결과 이한영은 오직 시만을 찾아다니는 「삶은 시이며 시는 삶인 것」이라는, 오직 한길만을 걷는 시인임을 확인할 수 있었다. 이러한 순수 시인을 만날 수 있었다는 것이 선배시인으로서 즐겁고 반가웠다. 그래서 순수시의 내용은 신과의 대화이며, 형식은 이미지라는 것의 실상을 말해주고 싶었다. 신과의 대화는 남은 체험하지 못한 것을 나만이 보고, 듣고, 맡고, 맛보고, 만져서 시, 청, 후, 미, 촉각적 이미지로 형상화하는 것이다. 이것이 순수서정시의 세계이다. 특히 이한영 시인에게서 「삶은 시이며 시는 삶인 것」의 정신과 시신(詩神)의 「빛을 찾아 나선 길」을 만나서 즐거웠다. 끝으로 이한영 시인을 만나는 날 깊은 대화를 나눌 것을 약속하며, '나가는 말' 에 대하고자 한다.

## 유승우(본명: 유윤식, 호: 한숲)

「현대문학」지로 등단(1966년, 박목월 추천)
1939년 강원도 춘성산
가평 초, 중, 고 졸업
경희대학교 국문과 졸
한양대학교 대학원 졸(문학박사)
인천대학교 교수 역임
인천시민대학 학장 역임
인천대학교 명예교수(현)
사)한국현대시인협회 이사장 역임
사)한국기독교문인협회 이사장 역임
사)한국문인협회 자문위원(현)
사)국제펜한국본부 고문(현)

• 수상 – 경희문학상(1988). 후광문학상(1994)
한국기독교문화예술대상(2003). 창조문예문학상(2011)
심연수문학상(2011). 상록수문예대상(2019)

• 시집 – 『바람변주곡』(1975), 『나비야 나비야』(1979)
『그리움 반짝이는 등불 하나 켜 들고』(1983)
『달빛연구』(1993), 『물에는 뼈가 없습니다』(2010)
『숲의 나라』, 『노래와 춤』(2019) 등 11권

• 저서 – 『한글시론』(1983), 『몸의 시학』(2005) 등 5권
자서전 『시인 유승우』 출간(2014)

# 그림자 위의 길을 걸어가는 자

발행일 2023년 2월 25일
발행인 김승호

발행 도서출판 다선
인쇄기획 도서출판 예솔
등록번호 제2002-000080호(2002.3.21)
주소 서울시 마포구 양화로6길 9-24 동우빌딩 4층
연락처 010-2493-2232
E-mail gksh0691@hanmail.net

ISBN 978-89-5916-991-7 03810

* 책값은 뒤표지에 표시되어 있습니다.

# 다선 추천도서

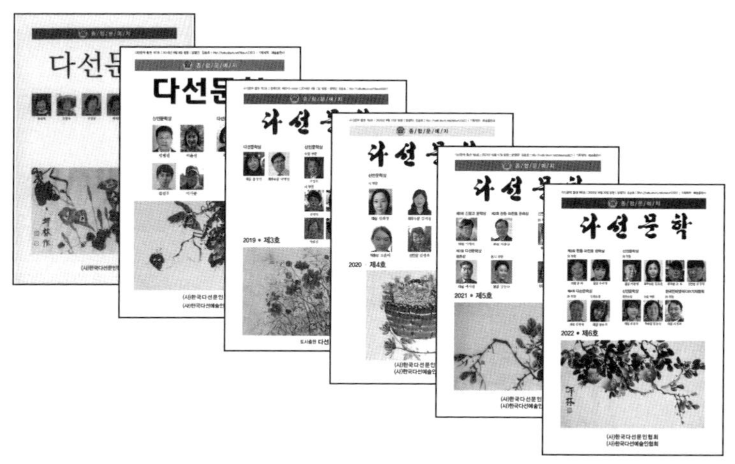

## 종합문예지 다선문학

(사)한국다선문인협회, (사)한국다선예술인협회 | 발행인 김승호

「다선문학」은 (사)한국다선문인협회의 종합문예지이다. '한국다선문인협회' 는 인문학의 발전과 문학의 저변 확대로 한국 문단 부흥의 초석이 되고자 하는 목표를 가진 단체로, 신인작가 양성과 입문의 역할을 담당하는 동시에 기성 문인들의 복지를 향상하고 지위를 공고히 하는 데도 힘쓰고 있다. 「다선문학」에서는 다선문인협회 작가회 회원들의 시와 수필 작품들은 물론 다선예술인협회 작가들의 그림、사진 작품 등도 함께 선보이며 다선문학상 당선 작가들의 시, 수필, 평론 등과 초대작가들의 작품들도 만나볼 수 있다.

문원 이한영

# 작가의 사진 작품

뉴질랜드 해안

물가 노을

모정

마을

소들의 이동

사운드 폭포

만년설원

빙하 끝자락

증기선

선상가 모습

퀸스타운

밀포드 사운드 가는 길

설경

호수의 대칭